Katharina Prügner

Die Gender Mainstreaming-Strategie im Anwendungsbereich der Erziehung 0-10 jähriger

Ein mögliches Verfahren zum Abbau von Geschlechterstereotypen?

Prügner, Katharina: Die Gender Mainstreaming-Strategie im Anwendungsbereich der Erziehung 0-10 jähriger: Ein mögliches Verfahren zum Abbau von Geschlechterstereotypen?. Hamburg, Bachelor + Master Publishing 2014

Originaltitel der Abschlussarbeit: Die Gender Mainstreaming-Strategie im Anwendungsbereich der Erziehung 0-10 jähriger: Ein mögliches Verfahren zum Abbau von Geschlechterstereotypen?

Buch-ISBN: 978-3-95820-119-4
PDF-eBook-ISBN: 978-3-95820-619-9
Druck/Herstellung: Bachelor + Master Publishing, Hamburg, 2014
Covermotiv: © Kobes - Fotolia.com
Zugl. SRH Hochschule für Gesundheit Gera, Gera, Deutschland, Bachelorarbeit, Juli 2013

Bibliografische Information der Deutschen Nationalbibliothek:
Die Deutsche Nationalbibliothek verzeichnet diese Publikation in der Deutschen Nationalbibliografie; detaillierte bibliografische Daten sind im Internet über http://dnb.d-nb.de abrufbar.

Das Werk einschließlich aller seiner Teile ist urheberrechtlich geschützt. Jede Verwertung außerhalb der Grenzen des Urheberrechtsgesetzes ist ohne Zustimmung des Verlages unzulässig und strafbar. Dies gilt insbesondere für Vervielfältigungen, Übersetzungen, Mikroverfilmungen und die Einspeicherung und Bearbeitung in elektronischen Systemen.

Die Wiedergabe von Gebrauchsnamen, Handelsnamen, Warenbezeichnungen usw. in diesem Werk berechtigt auch ohne besondere Kennzeichnung nicht zu der Annahme, dass solche Namen im Sinne der Warenzeichen- und Markenschutz-Gesetzgebung als frei zu betrachten wären und daher von jedermann benutzt werden dürften.

Die Informationen in diesem Werk wurden mit Sorgfalt erarbeitet. Dennoch können Fehler nicht vollständig ausgeschlossen werden und die Diplomica Verlag GmbH, die Autoren oder Übersetzer übernehmen keine juristische Verantwortung oder irgendeine Haftung für evtl. verbliebene fehlerhafte Angaben und deren Folgen.

Alle Rechte vorbehalten

© Bachelor + Master Publishing, Imprint der Diplomica Verlag GmbH
Hermannstal 119k, 22119 Hamburg
http://www.diplomica-verlag.de, Hamburg 2014
Printed in Germany

Gliederung

Abstract		**3**
1.	**Einleitung**	**5**
2.	**Begriffsklärung**	**8**
	2.1 Gender	8
	2.2 Mainstreaming	9
	2.3 Geschlechterstereotypen	10
3.	**Die Strategie Gender Mainstreaming**	**12**
	3.1 Grundlagen des Gender Mainstreaming	13
	3.2 Handlungsfelder der Strategie	15
4.	**Entwicklung der Geschlechtsidentität im Kindesalter**	**17**
	4.1 Ausbildung einer Geschlechtskonstanz	19
	4.2 Entstehung von geschlechtertypischen Verhalten	20
5.	**Funktionen von Geschlechtertrennung**	**22**
	5.1 Aktuelle Forschung zur Geschlechtertrennung in der Kindheit	23
	5.2 Bedeutung des Geschlechts pädagogischer Fachkräfte für Kinder	24
6.	**Umsetzungsmöglichkeiten des Gender Mainstreaming**	**27**
	6.1 Möglichkeiten in der häuslichen Erziehung	28
	6.2 Wege in der Kindertageseinrichtung	31
	6.3 Wesentliche Aspekte in den ersten Schuljahre	34
7.	**Positive und negative Aspekte der Gender Mainstreaming Strategie im genannten Anwendungsbereich**	**37**
8.	**Zusammenfassung**	**40**
9.	**Quellen**	**43**

Abstract

Gender Mainstreaming ist eine weiterentwickelte Form der Gleichstellungspolitik. Im Anwendungsbereich der Erziehung von Kindern sehen Wissenschaftler einen neuen Weg Geschlechterstereotypien abzubauen. Denn überall in unserer Gesellschaft werden stereotype Geschlechtervorstellungen vermittelt, die noch heute zu gewaltigen Nachteilen eines Geschlechts führen.

Geschlechterrollen sollen beweglicher werden, sodass Kinder mehr Möglichkeiten haben andere Handlungsmuster auszuprobieren. Um dies zu erreichen ist es wichtig geschlechterbewusste Pädagogik so früh wie möglich in die Erziehung Heranwachsender zu implementieren. Voraussetzungen sind in der Ausbildung von Erziehern und Lehren zu schaffen, sie müssen geschlechtersensibel ihre Arbeit reflektieren, um Benachteiligungen oder Bevorzugung zu vermeiden. Auch die Frage nach mehr männlichen Pädagogen und in wie weit sich das Geschlecht des Pädagogen überhaupt auf das Kind auswirkt, darf in diesem Zusammenhang nicht vergessen werden.

Gender Mainstreaming muss kontinuierlich auf allen politischen und gesellschaftlichen Ebenen eingebunden werden, dass es erfolgreich wirken kann.

Gender – Mainstreaming – Stereotypen – Erziehung – Geschlechtsidentität

Gender Mainstreaming is a developed form oft he equalization politics. In the range of application of the education of children scientists see a new way to diminish gender stereotypes. Since everywhere in our company the stereotyped gender ideas which lead still today to immense disadvantages of a gender are conveyed.

Gender roles should become more movable, so that children more possibilities have to try out other action samples. To reach this it is to be implemented importantly educational theory conscious of gender as early as possible in the education of adolescents. Conditions are to be created in the education of educators and teachers, they must reflect gender-sensitively her work to avoid disadvantages or preference. Also the question after more male pedagogues and to what extent the gender of the pedagogue generally on the child affects may not forgotten in this connection.

Gender Mainstreaming must be continuously integrated at all political and social levels that it can operate successful.

Gender – Mainstreaming – Stereotypies – education – gender identity

1. Einleitung

Unbewusst wenden wir täglich unausgesprochene Theorien des Geschlechts an, erst so entsteht überhaupt die soziale Kategorie Geschlecht. Diese Ansichten wie ein Mann oder eine Frau zu sein hat werden bereits mit dem Zeitpunkt vermittelt, ab den die Eltern das biologische Geschlecht des Kindes erfahren.

„In allen Kulturen werden Menschen nicht nur in zwei Geschlechter eingeteilt, sondern mit dieser Einteilung verbindet sich eine Vielzahl geschlechtsbezogener Erwartungen oder Vorschriften." (Trautner, 2002, S. 648), so ist das Geschlecht in unserer Gesellschaft nicht nur ein individuelles Personenmerkmal. Frau oder Mann zu sein ist ausschlaggebend dafür, welchen Platz wir in unserer Gesellschaft zu welchen Bedingungen einnehmen. Denn alles was wir tun oder auch lassen, wirkt sich dadurch, dass wir es als Frau oder Mann tun, auch auf geschlechtsspezifische Aspekte aus.

Um uns eine Überschaubare und einfache Wahrheit zu konstruieren brauchen wir Informationen, wie zum Beispiel das soziale Geschlecht, damit wir reagieren können, wie wir es in unserer Sozialisation erlernt haben. Innerhalb einer geschlechtshomogenen Gruppe ist die Bandbreite an Charaktereigenschaften, Begabungen und Verhaltensweisen so groß wie in der anderen. So ist zu erkennen, dass über das soziale Geschlecht allein die Erziehung entscheidet.

Mädchen und Jungen können gar nicht anders, als die Erfahrung zu machen, dass es einen Unterschied macht, ob man eine Frau oder ein Mann ist. Sie erkennen allmählich, welche ständig wiederkehrenden Muster das Verhalten der Menschen in ihrer Umgebung aufweist. Diese Muster ahmen sie nach. Gleichzeitig lernen sie zu entschlüsseln, welche kollektiven Vorstellungen und Meinungen zu diesen Mustern geführt haben.

„Für das Verständnis der Geschlechterunterschiede und die Entwicklung der Geschlechtsidentität sind die ersten Lebensjahre von zentraler Bedeutung. Bis zum sechsten Lebensjahr erwerben Kinder eine basale Geschlechtsidentität und ein grundlegendes Verständnis für Geschlechtsunterschiede, Geschlechtskonstanz und Sexualität, sowie das Wissen über Geschlechtsstereotypen." (Rohrmann, 2009, S. 16).

So erwerben sie immer mehr kollektive Vorstellungen und Meinungen über die typische Frau beziehungsweise den typischen Mann, bis sie die Geschlechtsrollenvorstellungen vollständig verinnerlicht haben.

Momentan herrscht zwischen den zwei Geschlechtern eine Hierarchie auf nahezu allen gesellschaftlichen Ebenen. Männer sind grade in entscheidungsfähigen Positionen stark vertreten. Um eine Chancengleichheit für beiderlei Geschlecht zu schaffen gibt es schon seit den 50er Jahren viele Bemühungen von Frauen, die sogenannte Frauenbewegung. Aus dieser und anderer Strömungen, entwickelte sich in den 80ern und 90ern die politische Strategie des Gender Mainstreaming. Die Idee dahinter ist, die Geschlechterfrage in eine gesellschaftliche Hauptströmung zu bringen, sodass zwischen Männer und Frauen auf allen Ebenen eine Gleichstellung erfolgt.

Um dies durchzusetzten müsste man, so die Theorie, in der frühsten Kindheit beginnen, in der Erziehung ganz bewusst geschlechterstereotype Verhaltensweisen gegenüber dem Kind zu vermeiden um diese nicht an den Heranwachsenden weiterzugeben.

Nun ist die Frage, ob eine politische Strategie überhaupt auf die Erziehung von Kindern angewendet werden kann und welche Folgen eine Gleichstellung der Geschlechter hätte. Diese Fragen sollen in der vorliegenden Arbeit eine Beantwortung finden.

Zu Beginn soll mit einer Begriffsklärung ein gemeinsamer Kenntnisstand aller Leser erreicht werden. Erklärt werden hierbei die Begrifflichkeiten: Gender, Mainstreaming und Geschlechterstereotypen.

Darauf aufbauend folgt eine Einführung in die Strategie des Gender Mainstreaming. Im weiteren Verlauf wird auf die Entwicklung der Geschlechtsidentität im Kindesalter eingegangen, hierbei wird der Geschlechtskonstanz und dem geschlechtstypischen Verhalten besondere Aufmerksamkeit geschenkt.
Weiterführend werden die Punkte Geschlechtertrennung im Kindesalter und die Bedeutung des Geschlechts der ausführenden Pädagogen betrachtet.
Hauptpunkt der Arbeit soll die Verknüpfung der Vorangegangenen Ausführungen sein, die Umsetzungsmöglichkeiten des Gender Mainstreaming in den verschiedenen Erziehungsinstanzen unserer Gesellschaft. Diese sind chronologisch geordnet entsprechend dem Verlauf der Sozialisation des Kindes, beginnend mit dem Elternhaus, über die Kindertagesstätte, bis hin zur Grundschule.
Folgend werden mögliche positive und negative Auswirkungen dieses Ansatzes auf die Gesellschaft und die Kinder beleuchtet.
Zum Abschluss dieser Arbeit steht eine Zusammenfassung, in der die aufgeführten Aspekte kritisch reflektiert werden.

2. Begriffsklärung

Mit diesem Punkt wird versucht einen gleichwertigen Kenntnisstand aller Leser zu erreichen. Da es viele verschiedene Definitionen insbesondere von Gender und Geschlechterstereotypen gibt, wird dieser Abschnitt aufzeigen welcher Erklärungsversuch dieser Arbeit zu Grunde liegt.

2.1 Gender

Der Begriff Gender bezeichnet, als Konzept, die soziale oder psychologische Seite des Geschlechts einer Person im Unterschied zu ihrem biologischen Geschlecht. Der Begriff wurde aus dem Englischen übernommen, um auch im Deutschen eine Unterscheidung zwischen sozialem und biologischem Geschlecht treffen zu können. Da das deutsche Wort Geschlecht in beiden Bedeutungen verwendet wird. Gender bedeute wörtlich übersetzt also nur Geschlecht, daher erscheint der englische Begriff treffender. Er berücksichtigt die sozialen Unterschiede die Männern und Frauen durch die Gesellschaft zugewiesen werden. Diese „Rollen" werden von Geburt an erlernt und variieren je nach Kulturkreis, ethnischer Herkunft, Religion, Epoche, Bildung, sozialer Klasse und dem wirtschaftlichen/politischen Umfeld.
So ist zwar beispielsweise biologisch festgelegt, dass nur Frauen Kinder gebären können, nicht aber, wer diese großzieht oder wer die Haushaltsarbeiten ausführt – das ist Rollenverhalten. Das soziale Geschlecht beschreibt also eine Reihe von Eigenschaften und Verhaltensweisen, die eine Gesellschaft von Frauen und Männern erwartet und die ihre soziale Identität bilden.

„Der Begriff Geschlechtsrolle (gender role) wird benutzt, um all jene Dinge zu beschreiben, die eine Person sagt oder tut, um sich selbst auszuweisen als jemand, der oder die den Status als Mann oder Junge, als Frau oder Mädchen hat." (Money, 1973, S. 123).

Man kann immer nur entweder männlich oder weiblich sein, aber man kann sowohl maskuline wie feminine Verhaltensweisen zeigen, dies macht unsere Identität aus.

Gender entsteht erst durch menschliche Interaktion und wird nur aus dem sozialen Leben heraus erschaffen. Es ist etwas von Menschen produziertes, ähnlich der Kultur, und darauf angewiesen, dass jeder ständig Gender „macht".

So hat unsere Gesellschaft ein duales (2 Geschlechter), polares (männlich und weiblich sind entgegengesetzt) und hieratische (männlich ist weiblich überlegen) Geschlechterkonstrukt geschaffen.

Besonders die Hierarchie bestimmt unsere Gesellschaft, unser Weltbild ist ein männliches, die Frau gilt als Abweichung von der dominierenden Männlichkeit.

2.2 Mainstreaming

Der Mainstream, englisch für Hauptstrom beziehungsweise Massengeschmack, spiegelt den kulturellen Geschmack einer großen Mehrheit wieder, im Gegensatz zu Subkulturen oder dem ästhetischen Underground. Der Mainstream ist eine Folge einer Kulturdominanz.

Das „ing" am Ende bezieht sich darauf, dass dieser Vorgang in diesem Moment geschieht. Sinn gemäß wird es verwendet als: eine Sichtweise zur Leitlinie machen.

Zusammengesetzt ergibt sich so sinnhaft die Bedeutung der Gender Mainstreaming Strategie, Geschlechtergleichstellung in den Blickpunkt zu rücken und als eine Hauptaufgabe der Gesellschaft zu definieren.

„Mainstream – der zweite Begriff – heißt übersetzt Hauptstrom. Gender Mainstreaming heißt also alle Fragen der sozialen und kulturellen Ausformung und Folgen von Geschlechtszugehörigkeit in den Hauptstrom politischer Entscheidungen und Prozesse einzubringen." (Wallner, 2007, S. 32)

2.3 Geschlechterstereotypen

Geschlechterstereotype gehören einerseits zum individuellen Wissensbesitz, andererseits bilden sie den Kern eines konsensuellen, kulturell geteilten Verständnisses von den je typischen Merkmalen der Geschlechter. Hierin liegt die duale Natur von Geschlechterstereotypen.

„Unter Stereotypen versteht man soziale Urteile, die eigentlich zutreffender als Vorurteile zu kennzeichnen sind, da sie die Tendenz haben, Personen grob vereinfacht und ohne Rücksicht auf ihre Individualität zu etikettieren." (Bischof-Köhler, 2006, S. 17).

Bischof-Köhler beschreibt diese Urteile weiter als ausgrenzend, denn wird eine Eigenschaft einem Geschlecht zugeordnet wird sie gleichzeitig dem anderen abgesprochen (vgl. ebd.).

So sind Geschlechtsstereotype kognitive Strukturen, die sozial geteiltes Wissen über die charakteristischen Merkmale von Frauen und Männern enthalten und sind somit zentraler Bestandteil der Geschlechtertheorie. Stereotypen werden diskursiv erstellt und enthalten in sich eine symbolische Ordnung der Geschlechter.

„Im Laufe der Sozialisation werden Stereotypen als kognitive Wissensbestände erworben. Dabei werden sie weniger als Eigenschaftenliste, sondern vielmehr in Form von Clustern (Stärke/Schwäche; Aktivität/Passivität) strukturiert gespeichert." (Spreng, 2005, S. 41).

Per Definition sind Stereotypen sehr änderungsresistent, dass bedeutet widersprüchliche Informationen werden eher angepasst (assimiliert), als das die Stereotypie durch die Aussage verändert wird (akkommodiert). Dies ist für unser System zwar sehr ökonomisch und funktional lässt aber kaum Möglichkeiten Einfluss zu nehmen. Veränderungen müssen von Beginn an stattfinden und kontinuierlich wiederholt werden um eine Änderung im System zu erreichen.

3. Die Strategie Gender Mainstreaming

Gender Mainstreaming erklärt geschlechtsbezogene Lebenslagen, Lebensentwürfe, Problemlagen und damit einhergehende Benachteiligungen beider Geschlechter zum Gegenstand politischer Entscheidungen und Auseinandersetzung. Es geht also um eine umfassende Politik der Gestaltung der Geschlechterverhältnisse, nicht mehr „nur" um Frauenförderungs- und Frauengleichstellungspolitik.

Die Gender Mainstreaming Strategie ist das Ergebnis vieler paralleler, internationaler Aktivitäten. Bei der 3. Weltfrauenkonferenz 1985 kam die Forderung nach einer verstärkten Integration der Frauen in den Mainstream auf und es entstand in den folgenden Jahren der Ansatz „Gender and Development". Im Rahmen dieses Paradigmas wurde eine Einführung der Kategorie Gender in alle Projekt- und Programmabläufe der Entwicklungsinstitutionen, also in den Mainstream, gefordert. Aus der Verbindung von „Gender" und „Mainstream" entwickelte sich die Strategie Gender Mainstreaming.

„Gender Mainstreaming ist eine Strategie, die im Rahmen der Entwicklungspolitik von der internationalen Frauenbewegung entwickelt und auf der 4. Weltfrauenkonferenz in Peking 1995 in der dortigen Arbeitsplattform verankert wurde. Damit wurden alle Mitgliedsstaaten der Vereinten Nationen und die UN selbst der Umsetzung von Gender Mainstreaming verpflichtet." (Wallner, 2007, S. 31).

An den hier kurz skizzierten Anfängen der Strategie Gender Mainstreaming wird deutlich, dass Gender Mainstreaming seinen Anfang auf internationaler Ebene genommen hat. Von dort aus wurde es, dem Top- Dow-Prinzip folgend, auch auf Europa-, Bundes- und Landesebene implementiert.

1998 gabt der Europarat folgende Definition von Gender Mainstreaming heraus: „Gender Mainstreaming ist die (Re)Organisation, Verbesserung, Entwicklung und Evaluation grundsätzlicher Prozesse mit dem Ziel, eine geschlechtsspezifische

Sichtweise in allen politischen Konzepten auf allen Ebenen einzunehmen und in allen Phasen durch alle an politischen Entscheidungsprozessen beteiligten Akteure einzubringen." (in: Stiegler, 2000, S. 6).

Das Bundesministerium für Familie, Senioren, Frauen und Jugend fügte in seinem Gleichstellungsgesetz von 2001 hinzu, dass Gender Mainstreaming als gesellschaftliches Vorhaben die unterschiedlichen Lebenssituationen und Interessen von Frauen und Männern von vorn herein und regelmäßig berücksichtigt, da es keine geschlechtsneutrale Wirklichkeit gibt. (vgl. BMFSFJ, 2012, S. 1).

3.1 Grundlagen des Gender Mainstreaming

Wie im vorangegangenen Abschnitt beschrieben geht man im Gender Mainstreaming davon aus, dass keine geschlechtsneutrale Wirklichkeit und somit auch keine geschlechtsneutralen Entscheidungen existieren. Das heißt jede Entscheidung muss als geschlechtsrelevant begriffen und hinterfragt werden.

Drei axiomatische Grundannahmen sind in der Gender Mainstreaming Strategie festgelegt: zum einen die Konstanz des Geschlechts, weiter die Dichotomie der beiden Geschlechter und als Drittes die Naturhaftigkeit des Geschlechts.

Weiterhin geht man in der Theorie des Gender Mainstreaming davon aus, dass sich die Lebenswirklichkeiten von Männern und Frauen in vielen Bereichen unterscheidet. Erkennt man diese Unterschiede nicht oder vernachlässigt sie können Stereotypen verstärkt werden.

Enggruber hebt Gender Mainstreaming deutlich von anderen Konzepten der Gleichstellungspolitik ab, da es eine Durchführung auf allen politischen, gesellschaftlichen und sozialen Ebenen bietet, alle geschlechtsbezogenen

Dimensionen berücksichtigt und die Kontrolle aller Maßnahmen bezüglich ihrer Auswirkungen auf die Geschlechter überprüft. (vgl. Enggruber, 2001, S. 19).

Ein idealtypischer Projektverlauf wird oftmals in 6 Schritten beschrieben.

1. Gender-Analyse als Erhebung des Ist-Zustandes durch Aufstellung geschlechtsspezifischer Statistiken
2. Analyse der Problemfelder und der Situation der Bertoffenen
3. Definition des Soll-Zustandes und Ableitung der individuellen Ziele
4. Planung der Maßnahme und Entwicklung von Handlungsstrategien
5. Umsetzung der Maßnahme
6. Evaluation

Gender Mainstreaming zielt darauf ab beide Geschlechter gleichermaßen zu berücksichtigen, besonders dort wo eines unterrepräsentiert ist. Auch geschlechtssensible Sichtweisen in allen Handlungen und reflexives Differenzwissen werden als Ziele dieser Strategie angegeben.

Dabei setzt Gender Mainstreaming nicht bei den Defiziten der jeweiligen Geschlechter, sondern bei der Vielfalt der subjektiven Lebensentwürfe, sowie Identitäten jenseits polarer Geschlechterrollen an und versucht hierarchische Ungleichheiten abzubauen.

Unterschiede zwischen Frauen und Männern werden nicht einfach hingenommen und zementiert, sondern aufgelockert und verändert. Gender Mainstreaming fragt insbesondere nach den Ursachen von Geschlechterunterschieden und verfolgt das Ziel, geschlechtsspezifische Rollenzuschreibungen zu überwinden, strukturelle Ungleichheiten abzuschaffen und Gleichstellung zu erlangen.

All diese Ziele setzen eine Veränderung der Rahmenbedingungen voraus, welche, wie oben genannt, auch bereits gesetzlich Festgelegt ist.

3.2 Handlungsfelder der Strategie

Die Handlungsfelder dieser Strategie sind allumfassend, sie finden sich in Politik, Wirtschaft, Gesellschaft sowie der Sozialen Arbeit. Das Gesundheits – und Schulsystem als auch der Staat selbst müssen mit der Einführung des Gender Mainstreaming strukturell verändert werden.

Besonders in den Institutionen, die sich mit Kindern in den ersten Lebensphasen beschäftigen, diese erziehen und oder fördern, macht es Sinn die Gender Mainstreaming Strategie zu implementieren.

Auch zum Beispiel die Frühförderung ist verpflichtet geschlechtsbezogene Aspekte zu berücksichtigen und in ihrer Bedeutung für die Kinder zu reflektieren.

„Gender Mainstreaming beschäftigt sich […] nicht mit der Implementierung eines bestimmten Arbeitsansatzes, sondern damit, Voraussetzungen zu schaffen, um eine Pädagogik, die die Interessen von Mädchen und Jungen gleichermaßen berücksichtigt, zu ermöglichen." (Dräger, 2008, S. 61).

Generelle Vorbedingungen zur Arbeit nach der Gender Mainstreaming Strategie sind:

Fachwissen	Wissen über rechtliche, politische und bürokratische Bedingungen des Handlungsfeldes sowie des Gender Mainstreaming im Allgemeinen
Gender-Kompetenz	geschlechterhierarchische Verhältnisse erkennen und Bewertungen außerhalb geschlechtlicher Zuschreibungen zu treffen
Macht	die Strategie einzusetzen, da Top-Down Strategie

Zur Durchsetzung der Strategie wurden zahlreiche Methoden entwickelt, die meisten ähneln sich in den drei Hauptpunkten, Ist-Analyse, Soll-Analyse und Maßnahme.

Die Populärste ist die 3-R-Methode, welche auch in anderen Gebieten zu finden ist.

Repräsentation Wie viele Frauen/Männer sind von der Maßnahme betroffen/wirken mit?

Ressourcen Wen stelle ich welche Ressource zur Verfügung?

Realisierung Warum sind die Ressourcen so verteilt? , Ist die Verteilung gerechtfertigt?

Mit diesem Fundament lässt sich Gender Mainstreaming in allen Institutionen und Maßnahmen integrieren.

4. Die Entwicklung der Geschlechtsidentität im Kindesalter

„Die globale Geschlechtsidentität beinhaltet die überdauernde Selbstwahrnehmung, das innere Gefühl oder die Überzeugung (biologisch, psychisch und sozial) eindeutig männlich oder weiblich zu sein." (Trautner, 2002, S. 654).

Die Geschlechtsidentität wird von Geburt an durch interaktive Auseinandersetzung mit der Umwelt aufgebaut. Sie ist ein höhst komplexes Phänomen, welches während der frühen Kindheit entwickelt wird aber lebenslang Bestätigung durch die Umwelt benötigt.

Die besonders sensiblen Phasen der Sozialisation sind: das Vorschulalter, die mittlere Kindheit und die Adoleszenz. Speziell in dieser Zeit ist es möglich ein Umdenken im Bezug auf die eigene Geschlechtsidentität voranzutreiben, da sie noch nicht im Widerspruch zu eigenen nicht revidierbaren Lebensentscheidungen steht.

„Der Aufbau und die Veränderung der Geschlechtsidentität im individuellen Lebenslauf sind das Ergebnis eines komplexen Zusammenspiels biologischer, sozialer und individueller Entwicklungsbedingungen." (ebd., S. 656)

Am Anfang der Sozialisation steht die Festlegung des biologischen Geschlechts durch Hormone und die männlichen Spermien. Direkt nach der Geburt, „noch bevor das Kind sich selbst einem Geschlecht zuordnen kann, ist es bereits von Erwachsenen festgelegt wie sein Geschlecht geprägt werden soll." (Walter, 2009, S. 214).

Nicht allein durch die Farbe das Kinderzimmers oder die angebotenen Spielsachen wird das Neugeborene in eine Geschlechtsidentität gedrängt, auch durch den zuweilen als instinkthaft angesehenen Umgang werden Säugling in eine Kategorie Geschlecht getrieben (hierzu mehr in Abschnitt 6).

Walter beschreibt den „normalen" Sozialisationsverlauf wie folgt: In den ersten 5 Lebensmonaten geht das Kind eine symbiotische Bindung mit der ersten Bezugsperson ein, dabei ist es egal ob es sich um Mutter, Vater, biologische oder soziale Eltern handelt.

Das Baby kann noch nicht zwischen Außen- und Innenwelt differenzieren, aber es lernt erste Geschlechterunterscheidungen durch das wahrnehmen hoher und tiefer Stimmen.

Mit etwa 6 Monaten kann der Säugling nun zwischen sich und der Außenwelt unterscheiden, in dieser Phase macht er auch die ersten eignen Erfahrungen über seinen Körper. Bis zum Alter von 12 Monaten hat das Kleinkind gelernt Gesichter auseinanderzuhalten und zu seiner Hauptbezugsperson eine hoffentlich stabile Bindung aufgebaut, welche ihm Selbstvertrauen entwickeln lässt. Durch das nun differenzierte erkennen von Gesichter beginnt nun die sogenannte „Fremdelphase". Bis zum zweiten Lebensjahr lernt das Kind seine eigenen Verhaltensweisen zu unterscheiden und die Reaktionen auf diese eizuordnen. Schon bald kann es sich und andere in die Geschlechtskategorien einordnen und versuch durch geschlechterbezogenes Spielverhalten in einer geschlechtshomogenen Gruppe seine Zugehörigkeit zu dieser zu symbolisieren. (vgl. Walter, 2009, 192ff).

„Der Kategorie Geschlecht kommt in der Gesellschaft eine bedeutende Rolle zu. Es ist deshalb nicht verwunderlich, dass die eigene Geschlechterzugehörigkeit schon im frühen Kindesalter (0-3) ein zentrales Merkmal der Selbstkategorisierung ist." (Spreng, 2005, S. 59).

4.1 Ausbildung einer Geschlechtskonstanz

Geschlechtskonstanz ist definiert als die Erkenntnis, dass man sein Geschlecht nicht wechseln kann, sondern es für das ganze Leben behält.
Wie beim Invarianzverständnis (Menge, Volumen etc.) muss auch beim Geschlecht erkannt werden, dass es sich nicht ändert, wenn das äußere Aussehen verändert wird. Fragt man einen dreijährigen Jungen, ob er eine Mutti werden könnte, so hält er dies für möglich, ein Fünfjähriger würde dies dagegen entschieden verneinen. Ähnlich glauben jüngere Kinder, dass man das Geschlecht wechseln kann, indem man seine Kleidung wechselt.
Geschlechtskonstanz ist Voraussetzung für Geschlechtsidentität, die wiederum Voraussetzung ist für Geschlechtsrollenidentifikation ist.
Voraussetzungen zur Selbstkategorisierung, also einer Geschlechtskonstanz, sind nach Spreng: „...das Kind muss zwischen seiner eigenen Person und der Umwelt unterscheiden können, es muss Merkmale kennen um zwischen beiden Geschlechtern zu differenzieren und es muss sich sicher anhand der wahrgenommenen Charakteristika einer der zwei Kategorien zuordnen können." (ebd.)
Eine endgültige Selbstkategorisierung ist aber erst möglich wenn, eine sichere Unterscheidung zwischen äußerer Erscheinung und erschlossener Wirklichkeit gemacht werden kann. Dazu ist die Fähigkeit des konkret-operationalen Denkens nötig, welche Kinder mit circa 7-8 Jahren entwickeln. Des Weiteren ist eine Kenntnis der genitalen Grundlage der Geschlechter, sowie die Geschlechterbezeichnung, die Geschlechterstabilität und die Geschlechtskonsistenz erforderlich.

4.2 Entstehung von geschlechtertypischen Verhalten

Die Frage nach den Ursachen und Bedeutungen geschlechtstypischer Eigenschaften, Vorlieben, Fähigkeiten und Verhaltenstendenzen ist schon seit Beginn der 1970er Jahre Gegenstand von Diskussionen zwischen Vertretern biologischer, sozialisationstheoretischer, psychoanalytischer, sozialkonstruktivistischer und poststrukturalistischer Standpunkte. Insgesamt gilt als gesichert, dass geschlechtstypisches Verhalten und Geschlechtsidentität sowohl von biologischen Faktoren als auch von psychischen, sozialen und kulturellen Einflüssen geprägt werden. Darüber hinaus zeigt sich, dass die Differenzierung zwischen Geschlechtsidentität und geschlechtstypischem Verhalten/ Geschlechtsrollenverhalten wichtig ist (vgl. Money, 1973, S. 124), da trotz stabiler Geschlechtsidentität das Geschlechtsrollenverhalten einer Person stark variieren kann.

Unter geschlechtstypischem Verhalten bzw. Geschlechtsrollenverhalten werden Verhaltensweisen, Präferenzen, Einstellungen und Persönlichkeitsmerkmale einer Person zusammengefasst, die entsprechend dem jeweiligen kulturellen und historischen Hintergrund als typisch männlich oder typisch weiblich angesehen werden.

Bei Kindern äußert sich Geschlechtsrollenverhalten beispielsweise in Präferenzen für das äußere Erscheinungsbild, dem Spielverhalten und der Wahl von Freunden. Der Begriff „geschlechtstypisch" verweist darauf, dass es sich hierbei lediglich um Gruppenunterschiede handelt und keineswegs ausgesagt werden soll, die jeweiligen Präferenzen und Verhaltensmuster würden ausschließlich bei Jungen oder Mädchen, Männer oder Frauen auftreten – die innergeschlechtliche Varianz ist jeweils sehr groß, ohne dass hieraus Annahmen über die jeweilige Stabilität der Geschlechtsidentität abgeleitet werden können.

„Jungen und Mädchen zeigen bereits in einem sehr frühen Alter unterschiedliche Verhaltensweisen und – vorlieben und differenzieren offenbar zwischen Angehörigen des eigenen und Angehörigen des anderen Geschlechts." (Maccoby, 2000, S. 104).

Denn ohne vorhandene Geschlechtskonstanz befürchten Kinder, dass geschlechtsuntypisches Aussehen oder Verhalten dazu führt, das andere Geschlecht anzunehmen. Erst allmählich entwickeln Kinder die Überzeugung, dass die Geschlechtsangehörigkeit auch unbeeinträchtigt von Verhalten, Kleidung und Haartracht konstant bleibt.

Am Ende des ersten Lebensjahres werden bei Mädchen und Jungen typische Besonderheiten im Spielverhalten beobachtet: Während Jungen bevorzugt mit mechanischem Spielzeug spielen, dabei einen hohen Aktivitätsgrad und eher grobmotorische Aktivitäten zeigen, vollziehen Mädchen eher feinmotorische Manipulationen und zeigen ein insgesamt ruhigeres Spielverhalten (ebd.). Geschlechtsspezifische Unterschiede hinsichtlich des Spielverhaltens, des Aktivitäts- und Aggressionsgrades und der Präferenz bestimmter Spielzeuge werden vermutlich dadurch verstärkt, dass Kinder eine deutliche Präferenz für Spielkameraden des eigenen Geschlechts zeigen.

„Insgesamt ist festzuhalten, dass Jungen und Mädchen bereits im ersten Lebensjahr, ja sogar bereits in den ersten Tagen und Wochen Verhaltensbesonderheiten bekunden, die auf die Geschlechtsstereotypen hinweisen, wie sie später für Erwachsene angenommen werden und auch empirisch gut belegt sind. Männer sind im Mittel durchsetzungsorientierter, explorativer und risikobereiter, Frauen stärker personenorientiert, fürsorglicher und einfühlsamer." (Bischof-Köhler, 2006, S. 43).

5. Funktionen von Geschlechtertrennung

„Als zentraler Schlüssel für ein Verständnis der Prozesse um die Geschlechtertrennung kann die Frage nach der Funktion angesehen werden, die eine Separierung vom anderen Geschlecht für die Mädchen und Jungen selbst hat. Dieser Begriff ist möglicherweise besser als die Frage nach „Ursachen" oder „Folgen" der Geschlechtertrennung geeignet, eine gemeinsame Ebene für unterschiedliche theoretische Zugänge zu ermöglichen." (Rohrmann, 2009, S. 28).

Als zentral ist dabei zunächst die Orientierungsfunktion der Geschlechtertrennung anzusehen. Diese steht zunächst im Zusammenhang mit der „Entdeckung des Geschlechtsunterschiedes" im Verlauf der kognitiven Entwicklung. Das Ausmaß, in dem eine Unterscheidung nach Geschlecht zur Orientierung verwendet wird, hängt dabei in starkem Maße vom jeweiligen Kontext ab. Geschlechtshomogene Gruppen geben zudem Schutz und Sicherheit, nicht zuletzt angesichts der Verunsicherungen durch antizipierte und fantasierte Sexualität.

Kinder gleichen Geschlechts können sich oft besser aufeinander einstimmen und erleben in der Gruppe Zugehörigkeit und Solidarität. Nicht zuletzt ist ein wichtiger Faktor der Spaß, den Jungen beziehungsweise Mädchen miteinander haben, wenn sie für sich sind. Schließlich ermöglichen eigenaktive und ungestörte Gruppen von Kindern angesichts der Pädagogisierung kindlicher Lebenswelten wichtige Freiräume für kindliche Entwicklung.

Gleichzeitig werden in den gleichgeschlechtlichen Gruppen stereotype Verhaltensweisen und Einstellungen gelernt und verstärkt, sowie die gesellschaftliche Geschlechterhierarchie eingeübt.

5.1 Aktueller Forschungstand zur Geschlechtertrennung in der Kindheit

Eine auch heute noch oft benannte Theorie zur Geschlechtertrennung ist die der „Zwei Welten". Es wird davon ausgegangen, dass zwischen Jungen und Mädchen kaum Beziehungen bestehen, sie spielen, sprechen, bewegen und handeln unterschiedlich. Die zwei Geschlechter werden als dichotom angesehen und eine Zusammenführung wird kritisch betrachtet.

Allerdings gab es bereits seit Ende der achtziger Jahre Kritik am Ansatz der „zwei Welten". So wies Thorne (1986) darauf hin, dass die Bevorzugung des eigenen Geschlechts nicht statisch, sondern dynamisch und komplex sei und in nicht unerheblichem Ausmaß mit Kontextfaktoren zusammenhänge. Der dichotome Forschungsansatz führe zur Überbetonung von Unterschieden zwischen Geschlechtern und verstelle den Blick auf Differenzierungen innerhalb der Geschlechtsgruppen. (vgl. Rohrmann, 2009, S. 23).

Die meisten neueren Beobachtungen in Kindertageseinrichtungen sowie Befragungen von Kindern zeigen übereinstimmend, dass das Zusammensein mit Kindern des eigenen Geschlechts für einen großen Teil der Kinder im Kindergarten und noch mehr in der Grundschule sehr wichtig zu sein scheint.

Über Ausmaß und Bedeutung dieses Phänomens besteht aber große Uneinigkeit. In Einzelfällen wird sogar berichtet, dass Kinder das Spiel in geschlechtsgemischten Gruppen dem in getrennten Gruppen vorziehen.

Vielmals wird auch in Situationen, in denen Kinder frei entscheiden können, mit wem sie spielen beobachtet, dass sich geschlechtshomogene Gruppen bilden. Diese Verhaltensweise ist besonders in der Zeit zu erkennen, wenn erste Geschlechterstereotypien entstehen und steigert sich im gleichen Maße bis hin zur Grundschule. Denn das Spiel in geschlechtshomogenen Gruppen ist ein nicht zu verachtender Sozialisationsfaktor.

Problematisch im Sinne des Gender Mainstreaming wird es, wenn Kinder nahezu ausschließlich in geschlechterhomogenen Gruppen spielen, weil ihnen eine Vielzahl an Erfahrungen im Umgang mit dem entgegengesetzten Geschlecht entgehen. Außerdem werden stereotype Verhaltensweisen gefestigt und ebenso die hierarchische Geschlechterordnung.

Geschlechtertrennung kann aber auch geschlechtertypisches Verhalten ändern, in dem man bewusst zum Beispiel mit einer Mädchengruppe jungentypische Dinge unternimmt. Dies sollte aber gemäß der Gender Mainstreaming Strategie nicht nur in einzelnen Angeboten geschehen, sondern in den Alltag integriert werden.

Denn nur wenn man bewusst versucht die Statusbeziehungen zwischen Mädchen und Jungen zu verändern kann eine Schwächung des Vermeidungsverhaltens entstehen.

5.2 Bedeutung des Geschlechts pädagogischer Fachkräfte für Kinder

Wir kommen „neutral" auf die Welt, unbeeinflusst von Geschlechtern. Aber schon ab der Geburt ist unsere Welt von Frauen dominiert. Die Mutter ist in den meisten Fällen die Hauptbezugsperson, durch sie wird „das Weibliche" mit positiven Eigenschaften verknüpft, wie Körperkontakt, Nahrungsaufnahme, Trösten und Bestätigung. Auch in der Kindertagesstätte und der Grundschule sind es zumeist weibliche Fachkräfte die uns betreuen. Der Anteil der Männer in Kitas liegt sogar unter 4% und dies sind zumeist Leiter oder Hausmeister.

„Umso erstaunlicher ist es, dass es kaum Forschung dazu gibt, inwieweit sich das Geschlecht pädagogischer Bezugspersonen auf die Entwicklung von Kindern auswirkt. Dies gilt nicht nur für die ersten Lebensjahre, sondern – der öffentlichen Diskussion zum Trotz – auch für den Bereich der Schule." (Rohrmann, 2009, S. 51).

Schon im 19. Jahrhundert kristallisierte sich die Dominanz von Frauen in Erziehungseinrichtungen heraus. Es wurde, besonders in den ersten Lebensjahren, als „Natur der Frau" gesehen Kinder zu erziehen. Der Ausbildungsberuf Erzieher wurde gar erst in den 70er für Männer geöffnet.

Leitungspositionen sind aber, auch heute noch, männerdominiert, da die Arbeit von Frauen mit Kindern in der beruflichen Hierarche zumeist sehr weit unten angesiedelt ist. „Erziehen" wird nicht als professionelle Tätigkeit, sondern als quasi familiäre Unterstützung gesehen.

„Ein Indiz dafür ist, dass als wichtigste Eigenschaft für den Erzieherinnen – wie für den Grundschullehrerberuf oft das ‚Einfühlungsvermögen' genannt wird, was gleichzeitig eine traditionell weibliches Stereotyp ist." (Rohrmann, 2008, 153).

Problematisch dabei ist, dass Mädchen bessere Bindungen zu weiblichen Bezugspersonen bilden. Zum Teil treten sogar „Verbrüderungen" der Mädchen und weiblichen Pädagogen gegen Jungs auf.

Jungen distanzieren sich häufig, nicht ausschließlich räumlich, von Pädagoginnen, dies unterschützt die Bildung geschlechtshomogener Gruppen. Auch reden Erzieherinnen mit Mädchen anders als mit Jungen, welches den Selbstfindungsprozess der Kinder stören kann.

Aber was würden mehr Männer in der frühen Erziehung verändern?

Allgemein kommen nur wenige Männer auf die Idee eine Ausbildung in diesem Bereich zu machen. Pädagogen, die in Kitas oder Grundschulen arbeiten, haben in den meisten Fällen keinen linearen Bildungsweg hinter sich. Zudem werden männliche Verhaltensweisen in diesem Zusammenhang oft abgewertet und Männer haben häufig eine negative Bedeutung in der Erziehung. Eltern hegen zum Teil vorbehalte insbesondere wenn es an Hygienemaßnahmen, wie das Windelnwechseln geht.

Erfüllen Männer die bereits in der Praxis arbeiten den Anspruch, der im Rahmen der Diskussion um mehr männliche Fachkräfte geführt wird, überhaupt?

Rohrmann beantwortet die Frage klar mit Nein. Viele männliche Pädagogen fühlen sich durch die Aufgabe, Jungen klare Orientierung bei der Entwicklung ihrer Identität zu geben ohne in traditionelle Verhaltensweisen zu verfallen, überfordert. (vgl. Rohrmann, 2005, S. 80).

Außerdem hätte ein Großteil der Männer die diesen Berufsweg einschlagen ein eher verschwommenes und durch Verunsicherungen geprägtes Männerbild.

Auch werden männliche Fachkräfte zurzeit noch in stereotypen Bereichen eingesetzt, wie zum Beispiel Sport und Werken, wenn dazu noch die weibliche Pädagogin bastelt und malt verfestig das geschlechtsgemischte Team die Geschlechterstereotypen noch weiter.

„Ob und wie es sich auf Jungen und Mädchen auswirkt, ob ihnen ein Mann oder eine Frau als Pädagoge gegenübersteht, ist erstaunlicherweise bislang kaum untersucht wurden." (ebd.) Die Untersuchungen, die durchgeführt wurden, sind zu keinem eindeutigen Ergebnis gelangt.

Was man aber mit Sicherheit sagen kann ist, Kinder brauchen sowohl männliche als auch weibliche Bezugspersonen, besonders im Zuge des Gender Mainstreaming.

6. Umsetzungsmöglichkeiten des Gender Mainstreaming

„Es geht darum, dass alle an der Erziehung beteiligten Personen sich darüber bewusst sind, dass sie Mädchen und Jungs oftmals unterschiedlich behandeln." (Dräger, 2008, S. 91).

So ist Gender Mainstreaming als Querschnittsaufgabe aller erzieherischen Einrichtungen zu verstehen, denn die Kategorie „Geschlecht" tangiert sämtliche Ebenen der pädagogischen und sozialen Arbeit. Schwierig wird es dadurch, dass es in der Erziehung zur Geschlechtsidentität kaum Vorgaben gibt, wie diese konkret abläuft, so wie es in der Sprache, der Motorik oder im Sozialverhalten ist.

So ist geschlechterbewusste Pädagogik (Gender Mainstreaming) in der Praxis noch nicht über erste Ansätze und Pilotprojekt hinausgekommen. (vgl. Heister, 2007, S. 124).

Eltern, Erzieher und Lehrer haben sich im Laufe ihrer eigenen Entwicklung und ihrer Arbeit mit Kindern ein Bild gemacht, wie Jungen und Mädchen zu sein haben. Dies übertragen sie nun bewusst oder unterbewusst auf die nächste Generation.

Kindergärten und Schulen sind öffentliche Institutionen, deren Rahmenbedingungen politisch gestaltet werden können, sie bieten so eine optimale Ansatzstelle für frühe geschlechterbewusste Erziehung. In der elterlichen Erziehung ist diese Einflussmöglichkeit nicht gegeben. Hier muss man hoffen, dass sich im Laufe der Zeit ein allgemeines Bewusstsein für dieses Thema entwickelt.

„Grundlage einer geschlechtergerechten Pädagogik ist eine offene pädagogische Grundhaltung, die die Lebenswelt der Mädchen und Jungen genau betrachtet[...]." (Dräger, 2008, S. 93).

Weitere wichtige Aspekte einer geschlechterbewussten Erziehung sind: aktuelles Wissen zur geschlechtsbezogenen Entwicklung und Sozialisation, sowie die Reflektion der eigenen Sozialisation, das geschlechtsbezogene Reflektieren der pädagogischen Arbeit und die Zusammenarbeit aller an der Erziehung beteiligter Akteure.

Ein Kernpunkt der Betrachtung muss die vorliegende Hierarchie sein, da Jungen schon sehr früh die „Überlegenheit" des männlichen Geschlechts bemerken.

Dies findet sich auch im Umgang mit Lob und Tadel gegenüber den zwei Geschlechtern wieder. Jungen werden getadelt, wenn sie unordentlich oder disziplinlos sind. Lob erhalten sie für ihre Fähigkeiten, auch gute Noten werden ihrem Können zugesprochen. Ganz im Gegensatz dazu die Mädchen, sie werden für schlechte Leistungen kritisiert und Lob erhalten sie, wenn sie sich angemessen oder „brav" verhalten. Gute Noten werden auf Fleiß zurückgeführt nicht auf Können. Dies aufgeführte Muster von Lob und Tadel ist in allen Institutionen, als auch im Elternhaus zu finden. Auf Grundlagen dessen führen Mädchen ihren Erfolg eher auf Zufall oder Glück zurück, und Jungen auf ihre Begabung und guten Eigenschaften.

Zu erwähnen ist aber auch, dass es „über die Auswirkung der pädagogischen Tätigkeit im engeren Sinne, auf die geschlechterbezogene Entwicklung von Kindern bislang nur wenig empirische Ergebnisse gibt." (Rohrmann, 2009, S. 98).

6.1 Möglichkeiten in der häuslichen Erziehung

„Was die Erziehung von Kindern angeht, so ist die Familie nach wie vor in den ersten Jahren der am meisten prägende Ort [...]." (Rendtorff, 2006, S. 166).

Wie schon erwähnt, wird ein Kind bereits mit der Geburt in eine Gender-Kategorie eingeordnet. Eltern versuchen, da die meisten nicht ständig nach dem Geschlecht des Kindes gefragt werden möchten, durch die Namensgebung, Kleidung und Ähnliches zumeist unterbewusst diesem zu entgehen.

„Bei Gender Mainstreaming geht es für Frauen und Männer um eine dauerhafte Weiterentwicklung ihrer Elternrolle, der Familienstruktur, der institutionellen Praxen, der gesellschaftlichen Arbeitsteilung usw." (Seemann, 2009, S.22).

Schwer zu erfassen und dadurch auch zu beeinflussen, ist die Vielfalt des elterlichen Verhaltens, bezüglich einer geschlechterbewussten Erziehung. Denn es ist besonders wichtig schon in der frühkindlichen Entwicklung ein gutes Fundament zum gegenseitigen Verständnis der Geschlechter zu legen. Dazu sind beide Elternteile (falls vorhanden) in die Verantwortung zu ziehen. Denn „Es ist inzwischen hinreichend empirisch belegt und wird zunehmend selbstverständlich, dass auch Väter schon für kleine Kinder wichtig sind und auch ihre Versorgung und Erziehung übernehmen können." (Rohrmann, 2012, S. 12).

Aber auch in der Familie ist eine gemeinsame Erziehung nicht leicht zu verwirklichen und wir daher häufig vermieden. Mütter drängen Väter subtil an den Rand des Familienalltags und Väter ziehen sich überwiegend in die Arbeitswelt zurück. (vgl. Rorhmann, 2003, S. 9).

Doch auch in den Familien, die geschlechterbewusst erziehen wollen können Probleme entstehen. Zum einen durch ihr eigenes System, welches in den meisten Familien immer noch in der alten Hierarchie steckt, zum anderen durch den gesellschaftlichen Druck sich der Mehrheit unterzuordnen und sich anzupassen.

Wie in Abschnitt 4 beschrieben, werden Kinder nicht nur durch die Namensgebund, die Farbe ihres Zimmers oder ihrer Kleidung beabsichtigt oder unbeabsichtigt in eine Kategorie des Geschlechts gedrängt. Auch der Umgang mit männlichen oder weiblichen Säuglingen und Kleinkindern ist unterschiedlich. Mütter reden mir Mädchen häufiger und intensiver als mit Jungen. Jungen werden eher animiert sich zu bewegen grade in Phasen der Exploration. Mädchen hingegen werden „an der kurzen Leine" gehalten. So entstehen Stereotypen wie: Kommunikativität bei Mädchen und Lebhaftigkeit bei Jungen.

Weitere Hemmnisse Gender Mainstreaming in die häusliche Erziehung zu integrieren sind: die eingefahrenen Muster von Eltern geschlechtertypisches

Verhalten zu loben und nicht geschlechterentsprechende Eigenschaften zu tadeln, außerdem „[sind] offenbar viele Familien [mit Bildungsaufgaben] bereits überfordert, so ist es äußerst fraglich, ob bei Eltern Interesse, Ressourcen und Kompetenzen vorausgesetzt werden können, um darüber hinaus in den Entwicklungsprozess der Geschlechtsidentität maßgeblich innovativ einzugreifen." (Heister, 2007, S. 122).

Zumal nicht alle Eltern daran glauben, dass geschlechtergerechte Pädagogik sich im späteren Leben ihrer Kinder als hilfreich erweist. Zum Teil geht man sogar so weit zu sagen, dass diese Chance in der Vergangenheit auch nicht bestanden hat, wieso also jetzt.

„Vermutlich lassen sich Eltern bei der Erziehung von Kindern von stereotypen Überzeugungen und Vorstellungen über ‚jungenhafte' und ‚mädchenhafte' Verhaltensweisen leiten und sie werden wohl auch durch ihre eigenen Hoffnungen und Erwartungen beeinflusst, die der Zukunft ihres Sohnes oder ihrer Tochter gelten." (Maccoby, 2000, S. 152).

All die aufgezählten Einflüsse machen es zu einer enormen Schwierigkeit für Eltern, ohne Hilfe von außen, ihre Kinder im, Sinne des Gender Mainstreaming, geschlechtergerecht zu erziehen.

6.2 Wege in der Kindertageseinrichtung

„Im Bereich der Kindergartenpädagogik findet der Begriff Gender Mainstreaming bislang nur selten Verwendung, da hier in der Regel von einer ‚geschlechtssensiblen', ‚geschlechtergerechten' beziehungsweise ‚geschlechterbewussten' Pädagogik gesprochen wird." (Dräger, 2008, S. 59).
Diese Begrifflichkeiten wurden auch in dieser Arbeit schon synonym für die Strategie Gender Mainstreaming verwendet.
Rohrmann, behauptet, dass in Kitas allgemein viel zu wenig über Gender Mainstreaming gesprochen wird. Es sei grade hier und in der Schule besonders wichtig, da keine anderen Institutionen von so vielen Kindern durchlaufen werden. (vgl. Rohrmann, 2003, S. 8).
Auch im SGB XIII ist eine gleichberechtigende Pädagogik verankert:

§9 Abs. 3:   „Bei der Ausgestaltung der Leistung [der Kita] und der Erfüllung der Aufgaben sind die unterschiedlichen Lebenslagen von Mädchen und Jungen zu berücksichtigen, Benachteiligungen abzubauen und die Gleichberechtigung von Mädchen und Jungen zu fördern."

Besonders wichtig ist es, so Dräger, die geschlechtergerechte Pädagogik kontinuierlich in alle Bereiche der Kindergartenarbeit zu integrieren und in alle Überlegungen einzubeziehen, da sie nur so erfolgreich sein kann. (vgl. Dräger, 2008, S. 101).
Laut der Ausbildungsverordnung für Erzieher, sollen sie Kinder „geschlechtsneutral" erziehen, aber wie ist das möglich? Denn Kinder bringen auch selbst ein Verständnis für die Geschlechter mit und sind kein unbeschriebenes Blatt. Außerdem sollte in der geschlechtergerechten Pädagogik grade im Besonderen auf die Geschlechter geachtet und sie nicht einfach außen vorgelassen werden.

Eine Abweichung von der geforderten Erziehung wird häufig, von den Erziehern selbst, als „pädagogisches Versagen" angesehen.

Grundlagen für eine geschlechtersensible Pädagogik sind in der Ausbildung zu schaffen, hier sollten Themen, wie das Wissen über die geschlechtsbezogene Entwicklung der Identität, das Verhältnis der Geschlechter in der Gesellschaft, die Gender-Forschung und die Anwendung einer geschlechtergerechten Pädagogik verankert werden.

„Die Voraussetzung für eine erfolgreiche Implementierung des Gender Mainstreaming im Bereich der Kindergartenpädagogik wäre also zum einen die Vertiefung des Gender-Wissens der Beschäftigten, [...] zum anderen, die Selbstreflektion der Erziehenden im Bezug auf Geschlecht anzustoßen und zu unterstützen." (Heister, 2007, S. 127).

Auch im Bildungsplan für 0-10 Jahre ist die Arbeit zum Thema Geschlechteridentität verankert. „Weil Kinder grundlegendes Wissen über ihre Geschlechterzugehörigkeit, Geschlechterstereotypen und über Sexualität und Fortpflanzung bereits im Kindergarten erwerben, brauchen diese Themen schon hier ihren Platz." (Rohrmann, 2011, S. 37).

Bildungsthemen sind ebenfalls die Geschlechterunterschiede, grade hier sollten Kinder wissen, dass sie einem Geschlecht angehören und das dies irreversibel ist, dass zur Reproduktion beide Geschlechter nötig sind und dass unsere Gesellschaft viele Eigenschaften und Verhaltensweisen den Geschlechtern auf unterschiedliche Weise zuschreibt, dies aber nichts manifestes ist.

Zu Beginn der Kindergartenzeit wählen sich die Kinder ihre Spielkameraden nach Sympathie, nicht nach dem Geschlecht. Erst durch die altersgemischte Struktur der meisten Kindertagesstätten, kommt es dazu, dass sich die Kleineren das Spiel in geschlechtshomogenen Gruppen bei den „Großen" abschauen und sich dem anpassen.

Abträglich zu einer geschlechterbewussten Pädagogik ist auch, dass sich Mädchen zumeist leise und angemessen verhalten, weil sie es von ihren Eltern so mitbekommen haben.

Jungs hingegen sind häufig laut und ungestüm, sodass die Aufmerksamkeit der Pädagogen zu oft bei ihnen ist und nicht bei allen Kindern im gleichen Ausmaß.

„Nachteilig ist also, dass Erzieherinnen sich mehr auf die unruhigen, lärmproduzierenden Jungs als auf die vordergründlich pflegeleichten Mädchen beziehen." (Walter, 2009, S. 211).

Die ist aber keines Wegs als absichtliche Bevorzugung einzuschätzen – vielmehr haben sich die Erzieher dadurch eine berufsbedingte Alltagsbewältigungstrategie entwickelt.

Des Weiteren begünstigen räumliche Gestaltungen wie „Puppenecken", „Bauteppiche" oder „Kaufmannsläden" die Bildung geschlechtshomogener Gruppen und die Verfestigung von Geschlechterstereotypien.

Auch hier macht es sich wieder bemerkbar, dass die Vielzahl der im Kindergarten angestellten Pädagogen weiblich ist. „Die Lebenswelt von Kindern sind im großen Ausmaß von Frauen bestimmt. Das wirkt sich auf die Raumgestaltung und Spielangebote genauso aus wie auf die Kommunikationsstile und das Konfliktverhalten." (Rohrmann, 2008, S. 157).

In der Kindergartenarbeit treffen viele unterschiedliche Interessen aufeinander. Deshalb ist es grade im Sinne einer geschlechterbewussten Pädagogik enorm wichtig Eltern, die durch ihre Erwartungen und Haltungen den Kitaalltag mitbestimmen, einzubeziehen.

Die Eltern tragen einen großen Teil zum Gelingen des Gender Mainstreaming in Kitas bei. Die Arbeit mit den Eltern kann sich aber sogar schwieriger darstellen als die direkte Arbeit mit dem Kind, da wie schon erwähnt nicht alle Eltern davon überzeugt sind, dass geschlechterbewusste Pädagogik für das spätere Leben ihrer Kinder hilfreich ist. Außerdem kann es zu Loyalitätskonflikten führen, wenn Kinder sich solchen Angeboten offener verhalten als ihre Eltern.

Festzuhalten bleibt, dass zur Eingliederung des Gender Mainstreaming im Kindergarten viel Arbeit notwendig ist.

Auf allen Ebenen (Träger, Leitung, Pädagogen, Eltern) muss sich die Denkweise bezüglich der Geschlechtergerechtigkeit ändern. Im besonderen Maße müssen Erzieher ihre geschlechtsspezifische, pädagogische Arbeit reflektieren und sich eine geschlechtergerechte Basishaltung schaffen.

Bevorzugung oder Benachteiligung soll entgegengewirkt werden, dazu ist es nötig Räume zu bilden, welche die gesellschaftliche Vergeschlechtlichung überschreiten.

„Eine geschlechtsbewusste Haltung ist in Tageseinrichtungen für Kinder bislang nur wenig aufzufinden. Selbst dort, wo gezielte Angebote für Mädchen und Jungen gemacht werden, ist dies nicht immer mit geschlechtsbewusster Reflektion verbunden." (Rohrmann, 2003, S. 9).

6.3   Wesentliche Aspekte in den ersten Schuljahren

„Das Ziel von Gender Mainstreaming ist es, eine geschlechterbewusste und – gerechte Gesellschaft zu erreichen. Schulen nehmen in diesem Zusammenhang aufgrund ihres Bildungsauftrags einen besonderen Stellenwert ein." (Schambach, 2005, S. 45).

Allerdings spielt in der Berufsdefinition des Lehrers das Geschlecht beziehungsweise das Geschlechterbewusstsein keinerlei Rolle. Im Vordergrund steht allein der Bildungsauftrag, welches Geschlecht die Schüler oder die Lehrer haben ist im Moment nicht von Bedeutung.

Eine große Problematik ist, dass das Schulwesen Ländersache ist. 16 deutsche Bundesländer haben 16 verschieden Schulsysteme. Eine Gleichstellung, auch nur auf der Ebene der geschlechterbewussten Pädagogik, ist in der Praxis nicht umzusetzen.

Auch wenn Gender Mainstreaming seit Mitte der 90er Jahre bundesgesetzlich vorgeschrieben ist, ist es noch nicht in alle Bildungspläne der Länder eingeflossen.
In den Bildungsplänen vom Saarland, Nord-Rhein-Westphalen, Brandenburg, Baden-Württemberg und Thüringen ist geschlechterbewusste Pädagogik gar nicht zu finden oder nur mit allgemeinen Phrasen, wie: „... das Kind nicht auf Grund seines Geschlechts zu benachteiligen." (TMBWK, 2008, S. 24)
Im sächsischen Bildungsplan wird Gender Mainstreaming zwar erwähnt, aber dabei bleibt es auch. Besser, in Bezug auf die geschlechtersensible Pädagogik, sind die Pläne zur Bildung bis zum 10 Lebensjahr in Mecklenburg-Vorpommern, Sachsen-Anhalt und Berlin. Hier wird gut auf die Unterscheidung zwischen biologischen uns sozialen Geschlecht eingegangen, sowie festgehalten, dass es wichtig ist Stereotypen aufzubrechen. (vgl. Rohrmann, 2009, S. 75).
Ein eigens Kapitel zum Thema: individuelle Geschlechteridentität und der Umgang mit soziokultureller Vielfalt findet sich in den Bildungsplänen von Hessen, Bayern, Rheinland-Pfalz und Schleswig-Holstein. Angaben zu den fehlenden Bundesländern (Bremen, Hamburg und Niedersachsen) waren in der Literatur nicht zu finden.
Das es hochgradig wichtig ist, in der Schule geschlechterbewusste Pädagogik einzusetzen wird deutlich, da im Grundschulalter die Kinder eine Akzeptanz der geschlechtertypischen Rollenverhältnisse entwickelt.
„Einen möglich größeren Einfluss als die Eltern haben die Lehrer auf die Entwicklung der Kinder und Jugendlichen, da sie die Macht haben, über ganze Gruppen von gleichaltrigen zu bestimmen [...]. Außerdem sind die Lehrer und Erzieher, im Unterschied zu den Eltern, professionelle Pädagogen." (Heister, 2007, S. 123).
Allerdings ist auch in der Schule die Aufmerksamkeit der Pädagogen im Besonderen auf die „Störenfriede" gerichtet, welche auch hier meist männlich sind.
Auch Leistungsbeurteilungen sind stark vom individuellen Bild des Lehrers über den Schüler abhängig.

Daher ist eine gute Reflektion der pädagogischen Arbeit in diesen Bereichen von besonderer Bedeutung.

Auch die IGLU-Studie beschäftigte sich mit geschlechterspezifischen Verhaltensweisen. Es wurden deutliche Geschlechtsunterschiede in schulischen Einstellungen, Motivation und Lernverhalten gefunden. So bestätigte sich, dass Mädchen sich in der Schule tendenziell wohler fühlen als Jungen. Die vorliegenden Ergebnisse weisen auf klare Tendenzen von Benachteiligung und subjektiv empfundener Belastung insbesondere von Jungen hin. Vor diesem Hintergrund kommen die Autoren der IGLU-Studie zu dem deutlichen Fazit, dass die deutsche Grundschule als Lebens- und Erfahrungsraum „eher ein Ort für Mädchen als für Jungen ist" (Valtin et al., 2005, S. 232).

Ein weiteres Dilemma entsteht durch den Bildungsauftrag. Lehrer sollen mit Hilfe des Lehrplans Egalität herstellen um den Wissensstand überprüfen zu können, aber müssen dabei auch die Kinder in ihren individuellen Stärken und Schwächen fördern und fordern.

Darüber hinaus müssten alle Schulbücher überarbeitet werden, da sie eine nicht geringe Dichte an Geschlechterstereotypen und -diskriminierung enthalten. In diesem Rahmen muss man sich auch fragen in wie weit im Unterricht auf historische Frauen, neben den dominanten Männern, eingegangen wird.

„In der Schule werden wie überall in unserer Gesellschaft implizierte stereotype Geschlechtervorstellungen vermittelt, insbesondere zur gesellschaftlichen Repräsentanz und Rollen von Frauen, mit beträchtlichen Auswirkungen auf die individuelle Geschlechterkonstitution und Identitätsfindung." (Seemann, 2009, S. 59).

7. Positive und negative Aspekte der Gender Mainstreaming Strategie im genannten Anwendungsbereich

Zwischen Wissenschaftler herrscht ein erbitterter Streit, ob Gender Mainstreaming überhaupt in die Erziehung umgesetzt werden kann. Forscher, die ihrer Arbeit eine biologische Theorie der Geschlechtsidentität zugrunde legen, gehen davon aus, dass das beiderlei Geschlechterkategorien (biologisch und sozial) schon vorgeburtlich festgelegt sind und nicht durch die Erziehung verändert werden können. Andere legen eine soziologische Theorie zugrunde, nach der sich die Identität im Verlaufe der Erziehung herausbildet. Nur auf dieser Grundlage ist eine geschlechterbewusste Erziehung überhaupt möglich.

Blickhäuser und van Bargen stellten 2007 eine Zusammenfassung von Vorteilen zusammen, die für alle politischen und sozialen Bereiche gültig ist.

- Demokratie und soziale Gerechtigkeit können vorangebracht werden und damit eine neue Qualität sozialer und gesellschaftlicher Innovation erreicht werden
- Es kommt zu mehr gleichstellungspolitischer Effektivität: Alle politischen Entscheidungen und Maßnahmen sind um Chancengleichheit erweitert, alle Verantwortungsträger im Top-Down-Prozess verantwortlich
- Bestehende Nachteile für beide Geschlechter werden abgebaut
- Gender Mainstreaming führt zu einer Erweiterung des Demokratiebegriffes innerhalb von Organisationen und der Gesellschaft

- Gender-Sensibilität und die Anwendung geschlechterpolitischer Fragestellungen in der fachlichen Arbeit erhöht die Gender-Kompetenz und verbessert das Führungsverhalten
- Diskriminierungen werden sichtbar und können abgebaut werden

(vgl. Blickhäuser/van Bargen, 2007, S. 6f)

Heister beschreibt als einen Nachteil der Strategie Gender Mainstreaming, dass „[sich Gender Mainstreaming] in der Realität als sehr kleinteiliger, aufwendiger Prozess, der im Minimalen vielleicht suggeriert, dass es Fortschritte gäbe, der das grundsätzliche Problem der gesellschaftliche Benachteiligung der Frauen und dessen verfassungsrechtliche Relevanz aber verharmlost." (Heister, 2007, S. 95).

Männer sind geschlechtersensibler Politik und Pädagogik gegenüber eher negativ eingestellt, da sie änderungsresistenter als Frauen sind, wenn es um die Gleichberechtigung der Geschlechter geht. Die hierarchischen Strukturen, in denen sie sich an der Spitze befinden müssten aufgebrochen werden und sie wären gezwungen Macht, Einfluss und ihren hohen Status aufzugeben.

Aber auch viele Frauen können eine Hürde darstellen, „Der immer wieder festgestellte Wiederstand von beiden Geschlechtern gegen das Gender Mainstreaming kann unter anderem darauf zurückgeführt werden, dass Menschen nicht mit Optionen konfrontiert werden wollen, für die es in ihrem Leben zu spät ist," (ebd., S. 120).

Das Vorhaben Männer, intensiver mit der Erziehung ihrer Kinder zu befassen, scheint sich in der Praxis zu verflüchtigen. Es gilt also nach wie vor, dass Frauen die Hauptlast der Erziehungsaufgaben tragen.

Diese ungleiche Lastenverteilung hat nicht zuletzt Konsequenzen für die Vermittlung der Geschlechtsrollenstereotype. Beide Geschlechter distanzieren sich nämlich nicht von den überkommenen Vorstellungen und Meinungen, wie eine Frau beziehungsweise ein Mann zu sein hat. Vielmehr verhalten sich Männer und Frauen auch weiterhin gemäß den Geschlechtsrollenvorschriften.

Darüber hinaus versuchen Frauen, noch einen Teil der männlichen Geschlechtsrollenvorstellungen zu übernehmen. Dies wirkt sich bei der Erziehung junger Kinder nicht unbedingt günstig aus.

Deshalb scheint es für die Erziehung junger Kinder wichtig zu sein, dass Eltern eine kritische Distanz zu den Geschlechtsrollenstereotypen wahren – vor allem in Form ihres Verhaltens.

Als Vorteil dieser Strategie ist unbedingt die enthaltene zentrale Bedeutung der Kategorie Geschlecht zu nennen. So auch Glagow-Schicha, die die größte Chance dieses Ansatzes darin sieht, dass bei jedem Projekt von Anfang an die Frage nach der Beteiligung von Frauen und Männern mitgedacht werden muss und nicht erst zum Abschluss als Zusatzfrage angehängt wird. (vgl. Glagow-Schicha, 2005, S. 22).

Grenzen in der Arbeit mit Kindern müssen aufgebrochen werden, durch eine frühe Implementierung einer geschlechterbewussten Pädagogik. Denn „normalerweise" zeigen Kinder grade im Kindergartenalter eine Verfestigung der stereotypen Geschlechterverhaltensweisen. Diese werden erst im Grundschulalter wieder flexibler, eine Zementierung könnte man durch eine gute Gender Mainstreaming Arbeit verhindern.

8. Zusammenfassung

Im Zuge der Gleichberechtigung der Frauen im vergangenen Jahrhundert und der gesetzlichen Gleichberechtigung beider Geschlechter sind soziale Umbrüche in Gang gesetzt worden, welche die tradierten Geschlechterrollen zunehmend in Frage stellen.

In diesem Zuge wurde in den 80er Jahren die Gleichberechtigungsstrategie Gender Mainstreaming entworfen.

Darin geht es nicht darum alle Kinder gleich zu behandeln, Kinder sind verschieden. „Diese Unterschiede werden jedoch nicht durch das Geschlecht, sondern durch die unterschiedlichen Interessen und Fähig- und Fertigkeiten der einzelnen Mädchen und Jungen mit ihrer jeweils ganz individuellen Persönlichkeit bestimmt." (Dräger, 2008, S. 105).

Es geht darum Ungleichheiten zu erkennen und diese nicht aus den Augen zu verlieren. Das kindliche Selbstbild soll weitest gehend offen gehalten werden, sodass möglichst viele Handlungsvariationen erprobt werden können.

Die Geschlechtsidentität, sowie des Verfestigen von Geschlechterstereotypien darf nicht als festgeschrieben deklariert werden, sondern muss als fluider Prozess mit dynamischen Elementen erlebt werden.

„Die hierarchische Struktur der Geschlechterverhältnisse kann nicht einfach abgeschafft werden, allenfalls in ihrer Starrheit in Bewegung gebracht werden." (Heister, 2007, S. 107).

Um diese eingefahrenen Rollenmuster zu reflektieren und in Frage zu stellen ist Gender Mainstreaming zurzeit die wohl erfolgreichste Methodik. Neue Handlungsmuster können, unabhängig vom Geschlecht, ausgetestet werden.

Um Formulierungen wie: „Chancengleichheit", „Förderung der Identitätsentwicklung" oder „Vermeidung einengender Geschlechterstereotype", wie sie in Gesetzestexten und Bildungsplänen verwendet werden, nicht als leere

Worthülsen verfallen zu lassen, müssen geschlechtsbezogene Aspekte in allen Bereichen Betrachtet werden.

Auch Jungen, die sich frisieren und Mädchen, die mit Autos spielen bleiben in ihren eigenen Selbstbild Jungen und Mädchen, lediglich ihre Handlungsvariationen erweitern sich und sie können ihre Interessen ausdehnen.

Veränderungen der derzeitigen Situation sind immer möglich, so Walter. Wir alle können ab sofort sensibler und anteilnehmender leben. Wenn wir verstehen, wie entscheidend schon die ersten Lebensjahre für das weitere Leben sind. (vgl. Walter, 2009, S. 214).

Grade die Etablierung einer geschlechterbewussten Pädagogik in der Kindertagesstätte bietet die Chance eine geschlechtersensible Grundhaltung im Querschnitt der Gesellschaft zu schaffen. Denn, „ wenn die Strategie des Gender Mainstreaming erfolgreich operieren soll, wäre es aus Gründen der nachhaltigen Wirksamkeit sinnvoll, es bereits in den frühen Lebensphasen einzusetzen." (Heister, 2007, S. 119).

Eine geschlechterbewusste Sichtweise sollte ein wesentliches Qualitätsmerkmal der pädagogischen Arbeit und der Erziehung in allen Institutionen und auch in der häuslichen Erziehung darstellen.

Barbara Nohr beschreibt Gender Mainstreaming sogar als das Gleichstellungskonzept mit den gegenwärtig größten Möglichkeiten, die Kategorie Geschlecht als Anlass für Benachteiligungen abzubauen. (vgl. Nohr, 2002, S. 59).

Besonders notwendig für eine funktionierende geschlechtergerechte Pädagogik, ist die Zusammenarbeit mit vielen verschiedenen Arbeitsfeldern, insbesondre mit Eltern.

Abschließend festzuhalten ist, dass die Gender Mainstreaming Strategie einen guten Ansatzpunkt für geschlechterbewusste Pädagogik liefert. Darüber hinaus muss aber noch viel pädagogische Arbeit geleitet werden, um in einigen Jahren über die Phase einzelner punktueller Projekte hinwegzukommen.

Was leider in dieser Arbeit, aber auch in der Wissenschaft noch gar nicht oder nur in sehr geringen Ausmaß betrachtet wurde ist, wie sich, grade in diesem modernen Zeitalter, Medien auf die Identitätsentwicklung der Kinder auswirken und ob durch diese neuen Sichtweisen der Geschlechter nicht auch neue Stereotypien entstehen können.

9. Quellen

Bischof-Köhler, Doris: Von Natur aus anders, Kohlhammer Verlag, Stuttgart, 2006, 3. überarbeitete und erweiterte Auflage

Blickhäuser, Angelika/ van Bargen, Henning: Was ist Gender Mainstreaming? Heinrich Böll Stiftung (Hrsg.), Berlin, 2007

Bundesministerium für Familie, Senioren, Frauen und Jugend (Hrsg.): Strategie "Gender Mainstreaming", 2012, verfügbar unter: http://www.bmfsfj.de/BMFSFJ/gleichstellung,did=192702.html Zugriffen am: 27.06.2012 um 09:45

Dräger, Tanja: Gender Mainstreaming im Kindergarten, ibidem Verlag, Stuttgart, 2008

Enggruber, Ruth: Gender Mainstreaming in der Jugendsozialarbeit, Votum, Münster, 2001

Glagow-Schicha, Lisa: Grundlagen des Konzeptes von Gender Mainstreaming In: Ministerium für Schule, Jugend und Kinder NRW (Hrsg.) – Schule im Gender Mainstream, Soest, 2005, S. 18-22

Heister, Marion: Gefühlte Gleichstellung, Helmer Verlag, Königstein, 2007

Maccoby, Eleanor: Psychologie der Geschlechter, Klett-Cotta, Stuttgart, 2000

Money, John: Zur Geschlechterdifferenzierung. In: Kentler, Helmut (Hg.), Texte zur Sozio-sexualität, Leverkusen, 1973, S. 122-132

Nohr, Barbara:	Gender Mainstreaming, Dietz Verlag, Berlin, 2002
Rendtorff, Barbara:	Erziehung und Geschlecht, Kohlhammer Verlag, Stuttgart, 2006
Rohrmann, Tim:	Gender Mainstreaming und Arbeit mit Jungen in Tageseinrichtungen für Kinder In: Switchboard (Hrsg.), Nr. 157 April/Mai 2003, Hamburg, S. 8-11
Rohrmann, Tim:	Geschlechtertrennung in der Kindheit, Braunschweiger Zentrum für Gender Studies (Hrsg.), Braunschweig, 2005
Rohrmann, Tim:	Zwei Welten? Geschlechtertrennung in der Kindheit, Budrich UniPress, Oldenburg, 2008
Rohrmann, Tim:	Gender in Kindertageseinrichtungen, Deutsches Jugendinstitut (Hrsg.), München, 2009
Rohrmann, Tim:	Lernen Jungen ander(e)s als Mädchen? In: Neider, Andreas – Brauchen Jungen eine andere Erziehung als Mädchen? , Verlag freies Geistesleben, Stuttgart, 2011, 4. Auflage, S. 11- 41
Rohrmann, Tim:	Gender im Kontext der Arbeit mit Kindern in den ersten drei Lebensjahren, 2012, verfügbar unter: http://www.kita-fachtexte.de/fileadmin/website/ FT_Rohrmann_OV.pdf, Zugriff am: 19.06.2013 um 15:53
Schambach, Gabriele:	Grundsätze einer genderbewussten Organisationsentwicklung In: Ministerium für Schule, Jugend und Kinder NRW (Hrsg.) – Schule im Gender Mainstream, Soest, 2005, S. 45-49

Seemann, Malwine: Gender Mainstreaming in der Schule, BIS Verlag, Oldenburg, 2009

Spreng, Maria: Geschlechtsrollenstereotype von Grundschulkindern, Verlag Dr. Kovac, Hamburg, 2005

Stiegler, Barbara: Wie Gender in den Mainstreaming kommt, Wirtschafts- und sozialpolitischen Forschungs- und Beratungszentrum der Friedrich-Ebert-Stiftung(Hrsg.), Bonn, 2000

Thüringer Ministerium für Bildung Wissenschaft und Kultur (Hrsg.):
Thüringer Bildungsplan für Kinder bis 10 Jahre, Verlag das Netz, Weimar, 2008

Trautner, Hanns Martin: Entwicklung der Geschlechtsidentität In: Oerter, Montana – Entwicklungspsychologie, Beltz Verlag, Weinheim, 2002, 5. vollständig überarbeitete Auflage, S. 648-674

Valtin, Renate/ Walther, Gerd (Hrsg.)
IGLU - Vertiefende Analysen zu Leseverständnis, Rahmenbedingungen und Zusatzstudien. Waxmann Münster, 2005

Wallner, Claudia: Gender Mainstreaming: Chancen und Grenzen in der Kinder- und Jugendhilfe In: Wildwasser(Hrsg.) – Sexuelle Gewalt; aktuelle Beiträge aus Theorie und Praxis, Berlin, 2007, S. 30- 46

Walter, Melitta: Jungen sind anders, Mädchen auch, Kösel-Verlag, München, 2009, 3. Auflage

Printed in Poland
by Amazon Fulfillment
Poland Sp. z o.o., Wrocław